„Kommt, lasst uns wieder in den Wald gehen und an unserer Hütte weiterbauen", schlägt Emma ihren Freunden Elif, Tom und Amir vor. Wie fast jeden Nachmittag sind die vier Freunde nach der Schule verabredet. Sie treffen sich bei Emma, die direkt am Wald wohnt. Von dort sind es nur zehn Minuten bis zu ihrem Versteck, einer selbst gebauten Hütte aus Ästen und Laub.

„Ich habe Äpfel und Wasser dabei und an die Kordel habe ich auch gedacht", trällert Amir fröhlich, als sie sich auf den Weg machen. Sie laufen am Birkenwäldchen und an den zwei alten Eichen vorbei, springen über drei kleine Bäche und schon sind sie da. Diesen Weg und dieses Versteck kennen nur die vier Freunde.

Doch heute ist irgendetwas anders als gestern. Emma bemerkt es sofort. „Wer von euch hat gestern die Äste alle auf einen Haufen gelegt?", fragt sie verdutzt. Elif, Amir und Tom schütteln den Kopf. „Dann muss jemand hier gewesen sein. Lasst uns die Äste auf die Seite räumen", schlägt Elif vor. Die vier Freunde sind schockiert über das, was sie dort sehen. Unter dem Asthaufen liegen Ketten und Ringe, Silberbesteck, ein goldener Kerzenleuchter, eine Geldtasche, mehrere Handys und noch vieles mehr. „Ich vermute mal, dass jemand einfach unser Versteck zu seinem Versteck für Diebesgut gemacht hat",

kombiniert Tom. Zusammen überlegen die Freunde, was sie machen sollen. Emma hat eine Idee: „Zwei bleiben hier und bewachen unser Versteck und die anderen beiden holen die Polizei." Tom und Elif laufen los, während sich Emma und Amir im nahe gelegenen Dickicht verstecken. Nah genug, um alles sehen zu können, aber weit genug weg, um nicht entdeckt zu werden. Dort sitzen sie eine ganze Weile.

„Hast du das auch gehört, Amir?", fragt Emma leise und ihr Herz schlägt ganz schnell. Vor Angst würde sie am liebsten die Luft anhalten. Äste knacken, Laub raschelt, die Geräusche kommen immer näher. „Was sollen wir bloß machen, wenn der Dieb hier auftaucht?", flüstert Amir. Auch er scheint große Angst zu haben. Doch da ist es schon zu spät. Eine dunkle Gestalt mit Kapuzenpulli steht vor ihrer Hütte. Hektisch kniet sie sich hin und beginnt, das Diebesgut in einen Rucksack zu packen. Das Gesicht kann Emma nicht erkennen.

In dem Moment tauchen Tom und Elif mit zwei Polizisten auf. Die Person im Kapuzenpulli wird überrascht und ruck, zuck haben die Polizisten sie gefasst. Emma und Amir kommen aufatmend aus ihrem Versteck. „Das war aber höchste Zeit!", rufen sie erleichtert. „Wir müssen uns ein neues Geheimversteck suchen!"

Emma, Elif, Tom und Amir sind Freunde, die an einer Hütte bauen.	☐ ja ☐ nein
Emma wohnt in der Stadtmitte, direkt neben dem Polizeiposten.	☐ ja ☐ nein
Bis zur Hütte müssen sie einen weiten und mühsamen Weg gehen.	☐ ja ☐ nein
Die Kinder haben die Äste am Vortag auf einen Haufen gelegt.	☐ ja ☐ nein
Unter den Ästen sind Schmuck und anderes Diebesgut versteckt.	☐ ja ☐ nein
Zwei Kinder verstecken sich weit genug weg in Sichtweite zu ihrer Hütte.	☐ ja ☐ nein
Die Gestalt im Kapuzenpulli hat die Kinder im Versteck bemerkt.	☐ ja ☐ nein
Die Kinder haben in ihrem Versteck Angst, entdeckt zu werden.	☐ ja ☐ nein
Die vier Freunde haben den Dieb allein gefangen und gefesselt.	☐ ja ☐ nein
Die Polizisten können die Person im Kapuzenpulli verhaften.	☐ ja ☐ nein
Was meinst du: Hätten die Kinder gemeinsam zur Polizei gehen sollen?	☐ ja ☐ nein

Astrid Lindgren

Ihre Bücher und die Filme kennen viele Kinder auf der ganzen Welt. Pippi Langstrumpf, das lustige, starke, rothaarige _____ mit den abstehenden Zöpfen, ist eine ihrer bekanntesten Figuren. Dieses Buch schrieb sie für ihre Tochter Karin. Es wurde ein Welterfolg. Wer kennt nicht die Villa _____, den Affen Herrn Nilsson und das Pferd Kleiner Onkel? Astrid Lindgren erlebte eine glückliche Kindheit auf einem kleinen _____ in Schweden. Manche Erlebnisse mit ihren _____ Geschwistern und den anderen Kindern des Dorfes hat sie in ihren Büchern festgehalten. Schon als Kind las sie gerne Bücher und schrieb Geschichten. In der Schule erkannte man ihr Talent zum _____. Einer ihrer Aufsätze wurde sogar in einer _____ gedruckt. Neben ihrem Beruf als Schriftstellerin beschäftigte sie sich auch mit verschiedenen politischen Themen. So setzte sie sich zum Beispiel für das Recht von Kindern auf eine gewaltfreie Erziehung ein. Mit ihren Büchern gewann Astrid _____ viele Preise. Astrid Lindgren wurde 94 _____ alt.

Bauernhof	drei	Lindgren	Jahre	Zeitung	Mädchen	Schreiben	Kunterbunt

1 Die Festung Hohensalzburg ist das Wahrzeichen der Stadt Salzburg. Sie zählt zu den größten vollständig erhaltenen Burgen Europas. Mit über einer Million Besucher im Jahr ist sie die am häufigsten besuchte Sehenswürdigkeit außerhalb von Wien.

2 Vor zirka 300 Jahren wurde für die Kaiserin Maria Theresia in Wien das Schloss Schönbrunn ausgebaut. Österreichs größtes Schloss hat 1441 Räume. Im Schlosspark befindet sich heute der älteste noch bestehende Tiergarten der Welt.

3 Auf dem Schlossberg in Graz steht der Grazer Uhrturm. Er ist 28 Meter hoch und hat an jeder der vier Seiten ein Ziffernblatt. Jedes Ziffernblatt ist mehr als 5 Meter hoch. Anders als sonst üblich sind hier die Minutenzeiger kleiner als die Stundenzeiger.

4 In Innsbruck gibt es ein Haus mit einem besonderen Balkon. Er hat ein „Goldenes Dachl" und wurde für Kaiser Maximilian gebaut. Er ist mit 2657 vergoldeten Schindeln gedeckt und gilt als Wahrzeichen der Stadt. Heute ist in dem Gebäude ein Museum.

4. Wie heißt die Schriftstellerin des Buches „Pippi Langstrumpf" mit Nachnamen?

7. Wie war der zweite Vorname der Kaiserin, für die Schloss Schönbrunn gebaut wurde?

6. In welchem Land lebte Astrid Lindgren als Kind auf einem kleinen Bauernhof?

8. Das „Goldene Dachl" in Innsbruck befindet sich auf einem besonderen ...

5. Astrid Lindgren schrieb das Buch „Pippi Langstrumpf" für ihre ...

3. Was befindet sich heute in dem Gebäude mit dem „Goldenen Dachl"?

1. In welcher Stadt liegt die größte vollständig erhaltene Burg Mitteleuropas?

2. In welcher Stadt steht auf dem Schlossberg ein Uhrturm mit 4 großen Uhren?

9. Bei dem Wahrzeichen der Stadt Salzburg handelt es sich um eine ...

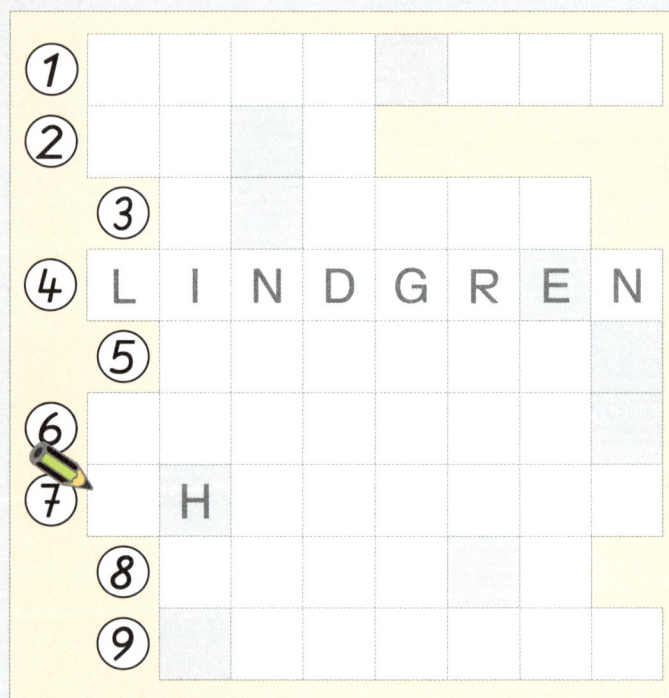

4. L I N D G R E N

7. H

Theresia, Graz, Balkon, Tochter, Museum, Salzburg, Lindgren, Festung, Schweden

Lösungswort: B_____

„Endlich Sommerferien!", ruft Lara und wirft ihre Schultasche in die Ecke. Sie freut sich schon sehr auf den Urlaub. Auch in diesem Jahr fährt sie mit ihrem Bruder Elias und ihren Eltern auf einen kleinen Campingplatz am Gardasee. Nach dem Mittagessen soll es losgehen. Lara packt noch schnell das Schlauchboot, die Luftmatratzen, die Taucherbrillen und die Flossen ein. Elias nimmt seine vier neuen Bücher mit. Ihr Bruder ist nämlich ein richtiger Bücherwurm.

„Wenn die Fahrt dorthin nur nicht so lange dauern würde, wäre es noch viel schöner", denkt Lara während der Fahrt immer wieder. Doch ihre Geduld wird bei der Ankunft belohnt. „Elias, wir haben Glück, wir haben auch dieses Jahr wieder unseren Lieblingsplatz direkt vorn am See." Laras Augen strahlen. In der Früh wird man wach, macht das Zelt auf und kann direkt in den See springen. Genau das macht Lara auch an ihrem ersten Morgen. Sie schwimmt ein paar Züge in Richtung Steg. „Was war das?", wundert sie sich. Ein harter Gegenstand ist ihr an den Kopf gestoßen. Eine Flasche! „Wer schmeißt denn hier einfach seinen Müll in den See?", denkt Lara. Doch dann schaut sie noch einmal genau hin. Das ist keine gewöhnliche Flasche, das ist eine Flaschenpost! Aufgeregt schwimmt sie mit ihrem Fund an Land. Sie kann es kaum erwarten, Elias die Flasche zu zeigen. „Los, jetzt mach schon auf, Lara", ruft ihr Bruder aufgeregt, „ich bin total gespannt, was auf dem Zettel steht." Lara öffnet die Flasche und zieht einen zusammengerollten, vergilbten Zettel heraus:

Glücklicher Finder dieser Flaschenpost,
sicher fragst du dich jetzt, was diese Flaschenpost bedeuten soll. Ich habe einen Schatz mit vielen Goldtalern versteckt und du sollst ihn suchen. Auf der Rückseite findest du eine Schatzkarte. Beeile dich, bevor jemand anderes den Schatz zu seinem Eigentum macht. Viel Spaß beim Suchen!

Lara und Elias können es nicht glauben: Handelt es sich wirklich um eine Schatzkarte? Tatsächlich, auf der Rückseite des Briefes befindet sich eine Karte. Die Kinder erkennen ihren Campingplatz wieder. Sofort gehen sie los. Zweimal links, vorbei am Waschhaus, zwischen den Wohnwagen hindurch, 22 Stufen nach oben. Hier ist ein Kreuz eingezeichnet. Die Kinder suchen die Stelle ab. „Ich habe den Schatz gefunden!", schreit Lara. Sie hält ein Holzkästchen in die Höhe. Hastig öffnen sie das Kästchen. Es ist voller Schokoladetaler und enthält einen Zettel: *Viel Spaß im Urlaub! Mama und Papa*

Lara und Elias fahren mit ihren Eltern auf Urlaub zum Gardasee.	☐ ja	☐ nein
Elias liest gerne und hat sich vier neue Bücher mitgenommen.	☐ ja	☐ nein
Leider haben sie keinen guten Zeltplatz erhalten und sind traurig.	☐ ja	☐ nein
Sie dürfen ihr Zelt in der ersten Reihe am Seeufer aufbauen.	☐ ja	☐ nein
Der See ist voller Müll. Überall schwimmen Plastikflaschen.	☐ ja	☐ nein
Lara schwimmt an Land und öffnet mit ihrem Bruder die Flasche.	☐ ja	☐ nein
In der Flasche sind viele Schokoladetaler und Kaugummis.	☐ ja	☐ nein
Die Flaschenpost enthält eine Schatzkarte, die zu einem Versteck führt.	☐ ja	☐ nein
Die Schatzkarte zeigt den Kindern einen Weg auf dem Campingplatz.	☐ ja	☐ nein
Eine unbekannte Person hat den Kindern einen Streich gespielt.	☐ ja	☐ nein
Die Eltern wollen ihren Kindern wahrscheinlich eine Freude machen.	☐ ja	☐ nein

 Hallo Mara! Endlich können wir telefonieren. Wie geht es dir? Wie war euer Umzug nach Going?

Hallo Carlos! Schön, dass du anrufst. Der Umzug ging schnell. Jetzt bin ich schon eine Woche hier. Ich vermisse dich und die ganze Klasse.

Wie sehen denn euer neues Haus und dein Zimmer aus? Habt ihr einen Garten?

Es ist wunderschön hier. Wir haben jetzt einen großen Garten. Dafür ist mein neues Zimmer kleiner als das in Graz.

Kannst du wirklich die Berge und Wiesen von deinem Zimmer aus sehen?

Ja, ich fühle mich wie Heidi in den Bergen.

Was machst du den ganzen Tag? Die Schule fängt ja erst in vier Wochen an.

Ich male viel, aber ich wünschte, du wärst hier! Dann könnten wir den ganzen Tag im Garten spielen. Wie geht es Luis?

Ihm geht es wieder besser. Seinen Gips hat er aber noch zwei Wochen.

Oje, der Arme! Aber warum musste er auch auf den höchsten Baum klettern?

Du kennst doch meinen Bruder. Das war bestimmt nicht der letzte Knochenbruch. Heute ist er sogar wieder Rad gefahren.

Mit seinem Gipsbein? Dein Bruder ist wirklich verrückt. Fahrt ihr eigentlich nach Spanien zu deinen Großeltern?

Na klar! Morgen geht es los. Ich freue mich schon so auf Omas Essen!

Das glaube ich dir. Wo sind deine Großeltern gleich noch mal daheim?

In Madrid, das ist die Hauptstadt von Spanien. Da lebt auch die Königsfamilie. Mein Lieblingsfußballverein kommt ebenfalls von dort.

Du und dein Fußball! Bestimmt wirst du einmal ein großer Fußballstar, so gut, wie du spielen kannst.

Mama ruft mich, es gibt Essen. Ich muss leider Schluss machen. Bis bald, Mara!

Lass uns nach deinem Urlaub wieder telefonieren. Viel Spaß in Spanien!

Mara ist weggezogen. Carlos und Mara telefonieren miteinander.	☐
Mara ist in eine Großstadt mit vielen Hochhäusern gezogen.	☐
Mara vermisst ihren Freund Carlos und ihre alten Klassenkameraden.	☐
Luis hat sich beim Klettern auf einen Baum ein Bein gebrochen.	☐
Mara muss direkt in die neue Schule gehen. Sie ist schon aufgeregt.	☐
Carlos spielt gerne Fußball. Sein Lieblingsverein kommt aus Madrid.	☐
Carlos fährt am nächsten Tag zu seinen Großeltern nach Spanien.	☐

Eichkätzchen leben in bewaldeten Regionen Europas und Asiens. Sie werden bis zu 400 Gramm schwer. Ihr Körper wird bis zu 25 Zentimeter lang. Die Lebenserwartung liegt bei drei bis sieben Jahren. Die Hinterpfoten des Eichkätzchens sind deutlich kräftiger und größer als die Vorderpfoten. Mit ihren langen gebogenen Krallen an den Fingern und den Zehen haben sie selbst an glatten Stämmen guten Halt und können geschickt und flink klettern. Ihr großer buschiger Schwanz dient ihnen bei ihren weiten Sprüngen von Ast zu Ast als Steuerhilfe. Tagsüber sind Eichkätzchen auf Nahrungssuche. Als Allesfresser fressen sie sowohl Pflanzenteile wie Früchte und Samen als auch tierische Nahrung wie Insekten und Vogeleier. Eichkätzchen sind das ganze Jahr aktiv und halten keinen Winterschlaf. Für den Winter legen sie mehrere Vorräte an. Dazu vergraben sie hauptsächlich Samen und Nüsse. Zum Ausruhen und in der Nacht ziehen sie sich in ihren Kobel zurück. So wird ihr Baumnest genannt. Eichkätzchen können zweimal im Jahr Junge bekommen. Die meist zwei bis sechs Jungen sind bei der Geburt nackt, blind und taub. Sie werden zunächst von ihrer Mutter gesäugt. Nach acht bis zehn Wochen können sie selbstständig nach Nahrung suchen.

Eichkätzchen leben nur in bewaldeten Regionen in Südafrika.	☐ ja ☐ nein
Sie haben eine deutlich geringere Lebenserwartung als Menschen.	☐ ja ☐ nein
Eichkätzchen haben kleine Saugnäpfe an ihren Fingern und Zehen.	☐ ja ☐ nein
Eichkätzchen halten sich mit ihren langen Krallen an Bäumen fest.	☐ ja ☐ nein
Der Schwanz dient den Eichkätzchen bei Sprüngen als Steuerhilfe.	☐ ja ☐ nein
Eichkätzchen sind nachtaktiv und jagen in der Dunkelheit.	☐ ja ☐ nein
Allesfresser fressen sowohl pflanzliche als auch tierische Nahrung.	☐ ja ☐ nein
Eichkätzchen müssen auch im Winter Nahrung finden und fressen.	☐ ja ☐ nein
Sie legen für den Winter mehrere Vorräte an, die sie vergraben.	☐ ja ☐ nein
Die Nester der Eichkätzchen werden Kobel genannt.	☐ ja ☐ nein
Eichkätzchen können direkt nach der Geburt hören und sehen.	☐ ja ☐ nein

1 Der Großglockner ist mit 3798 Metern der höchste Berg Österreichs. Mit seiner markanten Spitze zählt er zu den bekanntesten Wahrzeichen der Alpen. Er ist bei Bergsteigern sehr beliebt. Mit Bahnen kann man dort weit hinauffahren.

2 Stark fließendes Wasser kann über sehr lange Zeit Kerben in Gestein graben. Eine tiefe Kerbe mit steilen Wänden nennt man Klamm. In Österreich gibt es sehr viele Klammen, wie zum Beispiel die Seisenbergklamm und die Liechtensteinklamm.

3 Der Neusiedler See im Burgenland ist der größte See Österreichs. Ein kleinerer Teil von ihm gehört zu Ungarn. Die dicht von Schilf bewachsenen Zonen des flachen Sees bieten vielen Tieren und Pflanzen einen einzigartigen Lebensraum.

4 Bei der Ortschaft Krimml im Salzburger Land befinden sich die höchsten Wasserfälle Österreichs. Das Wasser stürzt dort über drei Fallstufen insgesamt 380 Meter in die Tiefe. Jährlich besuchen mehrere tausend Besucher das Naturschauspiel.

Ben rekelt und streckt sich in seinem Kobel. „Was für ein wunderschöner Morgen", denkt er und klettert flink den Baum hinunter. Ein blumiger Duft steigt ihm in die Nase. „Der Frühling ist da!", ruft ihm sein Freund Leo zu, der gerade genüsslich eine Nuss zum Frühstück verspeist. „Sollen wir gleich eine Runde durch den

5 Wald drehen?" Das lässt sich Ben nicht zweimal sagen. „Wie schön sauber und ruhig unser Wald ist", bemerkt Ben unterwegs und freut sich über jede Blume, die er entdeckt. Heute schauen sie auch noch kurz bei der Lichtung vorbei, die ganz in der Nähe der Menschensiedlung liegt. „Sauber? Das hier sieht aber gar nicht danach aus", sagt Leo, als er dort einen großen Müllhaufen bemerkt: eine rostige Waschmaschine, mehrere blaue

10 Müllsäcke, ein paar alte Reifen, drei Kübel mit Farbe, eine verbeulte Blechkanne und mehrere Flaschen mit einem Totenkopfaufkleber. „Welcher Schmutzfink entsorgt denn seinen Müll in unserem schönen Wald?", ruft Ben entsetzt. Sie machen sich sofort auf den Weg und trommeln alle Tiere zusammen. „Wir sind alle zu klein oder zu schwach, und eine Scheibtruhe haben wir auch nicht. Wie sollen wir den ganzen Müll wegschaffen?

15 Wir brauchen Hilfe!", sagt die Amsel, und Ben weiß, dass sie recht hat. Diese Nacht wälzt er sich in seinem Kobel hin und her, er kann einfach nicht einschlafen. Am frühen Morgen

klopft jemand an seinen Kobel: „Ben, komm schnell! Der Müllberg ist noch größer geworden." Ben spürt, wie Wut in ihm hochsteigt: „Können die Menschen ihren Müll nicht richtig entsorgen?" In der nächsten Nacht legen sich Leo und Ben auf die Lauer. Nach einigen Stunden sehen sie den Übeltäter. Ben kann ihn genau erkennen: Diesen Mann hat er schon mehrmals mit seinem Lieferwagen am Waldrand gesehen. Auf dem Lieferwagen steht: „Gebäudereinigung Saubermann". „Ist es denn zu glauben? Jemand, der Gebäude sauber macht, ist selbst der schlimmste Schmutzfink", sagt Ben entsetzt zu Leo. Noch in derselben Nacht schreiben sie einen Brief an die Bürgermeisterin Frau Tierlieb:

Sehr geehrte Frau Bürgermeisterin Tierlieb,
unser schöner Wald wird als Müllhalde benutzt. Wir wissen, wer der Übeltäter ist: Herr Saubermann von der Gebäudereinigung. Bitte helfen Sie uns, den Müll zu entfernen.
Mit freundlichen Grüßen
Eichkätzchen Ben und Leo

Zwei Tage später liest Ben auf der Titelseite der Zeitung Knirpskurier:
„Müllskandal aufgedeckt - Hohe Strafe erwartet den Täter"

Leo ist ein kleines, freches Wildschwein, das gerne Vorräte klaut.	☐ ja	☐ nein
Ben und Leo sind Eichkätzchen, die in einem Wald leben.	☐ ja	☐ nein
Ben und Leo machen gemeinsam einen Ausflug durch den Wald.	☐ ja	☐ nein
In der Nähe der Menschensiedlung liegt ein Müllhaufen.	☐ ja	☐ nein
Die Tiere beraten, wie sie aus dem Müll etwas Sinnvolles bauen könnten.	☐ ja	☐ nein
Ein Totenkopfaufkleber signalisiert vermutlich etwas Gefährliches.	☐ ja	☐ nein
Ben und Leo legen sich auf die Lauer, weil sie Indianer spielen wollen.	☐ ja	☐ nein
Der Müll wurde mit einem Lieferwagen zum Waldrand gebracht.	☐ ja	☐ nein
Die Gebäudereinigung Dreckspatz hat den Müll im Wald abgeladen.	☐ ja	☐ nein
Ben und Leo schreiben einen Brief an die Bürgermeisterin.	☐ ja	☐ nein
Durch den Brief der Freunde kann der Täter gefunden werden.	☐ ja	☐ nein

 Hallo Carlos! Ich freue mich, dass du wieder zu Hause bist. Wie war euer Urlaub in Spanien?

Hallo Mara! Es war super, aber unglaublich heiß. Luis musste mit seinem Gips ganz schön schwitzen.

Nach eurem Urlaub ist ihm der Gips aber doch abgenommen worden, oder?

Ja, zum Glück! Sag mal, was hast du in den zwei Wochen gemacht?

Ich habe ganz oft mit Sara gespielt. Sara kommt aus Syrien und lebt erst seit einem halben Jahr hier. Sie ist sehr nett.

Spricht sie denn schon Deutsch? Kann sie dich überhaupt verstehen?

Klar! Sie spricht schon ein bisschen Deutsch und den Rest machen wir mit Händen und Füßen. Das klappt super!

Das würde ich gerne einmal sehen. Geht sie denn auch in deine neue Schule?

Ja, sie ist sogar in meiner Klasse. Ist das nicht toll? Sie kann mir am ersten Schultag alles zeigen.

Bis dahin sind es ja noch zwei Wochen. Fahrt ihr denn auch noch auf Urlaub?

Nein, Papa bekommt keinen Urlaub und Mama muss sich eine neue Arbeit suchen. Wie geht es deinen Großeltern?

Gut, Oma hat wieder mein Lieblingsessen Paella gekocht und wir sind jeden Tag zum Schwimmbad geradelt.

Paella? Ist das nicht diese köstliche Reispfanne mit Hendlfleisch und ganz viel Gemüse? Die mag ich auch gerne.

Richtig, man kann Paella aber auch mit anderem Fleisch oder Fisch kochen.

Was hast du noch in Spanien gemacht?

Am Samstag war ich mit Opa im Stadion: Real Madrid gegen FC Barcelona. Das war vielleicht ein spannendes Spiel.

Wie ist das Spiel ausgegangen? Hoffentlich hat Real Madrid gewonnen!

Na klar! Die haben 3 : 1 gewonnen! Mara, ich muss zum Training. Ich rufe dich in zwei Wochen wieder an. Mach's gut.

Du auch, Carlos!

Carlos ist aus dem Spanienurlaub zurückgekehrt. Er hatte viel Spaß.	☐
Luis musste den Gips während des Urlaubs noch tragen.	☐
Mara hat eine neue Freundin gefunden. Sie heißt Sara.	☐
Sara geht schon in die zukünftige Klasse von Mara.	☐
Mara fährt auch noch auf Urlaub. Sie wollen ans Mittelmeer fahren.	☐
Paella ist eine Reispfanne mit Gemüse. Es gibt sie mit Fleisch oder Fisch.	☐
Carlos war mit seinem Opa bei einem Fußballspiel im Stadion.	☐

Lukas liegt fröhlich im Gras, kaut auf einem Grashalm herum und liest ein Buch über das Weltall, Astronauten und Raumschiffe. Er genießt die Ferien auf dem Bauernhof seiner Tante und seines Onkels auf dem Land. Außer dem Muhen der Kühe und dem Grunzen der Schweine ist es dort unglaublich still. Hin und wieder hört er das Knattern eines Traktors. Lukas legt sein Buch beiseite und schaut in den Himmel. Er beobachtet die Wolken, die die eigenartigsten Formen annehmen können. Eine Wolke sieht aus wie ein Hase, eine andere wie ein Schiff und wieder eine andere wie ein Schmetterling. Doch dann reißt ihn etwas aus seinen Träumereien. Hinter einer Wolke taucht etwas Seltsames auf. Lukas reibt sich die Augen und schaut noch einmal genau hin: Ist das etwa ein Ufo? Es kommt immer näher und näher. „Wahnsinn", denkt Lukas, „das Ding ist ja gigantisch!" Ihm wird ganz mulmig und er spürt ein Kribbeln am ganzen Körper. Eigentlich müsste er jetzt wegrennen, doch dafür ist er viel zu neugierig. Lukas kriecht hinter den großen Nussbaum. Ein heftiges Rauschen ist zu hören und Wind bläst ihm um die Ohren. Dann gibt es einen lauten Rums und das riesige Ding landet unsanft auf der Wiese. Lukas hält die Luft an. Im Zeitlupentempo schiebt sich quietschend eine Treppe aus dem Bauch des Ufos.

Zuerst sieht Lukas nur zwei kurze Beine, dann einen unglaublich langen Körper. Die Arme reichen bis zum Boden. Das Wesen hat nur drei Finger an jeder Hand und seine Haut schimmert grünlich. Anschließend erscheint der eigenartigste Kopf, den Lukas

20 je gesehen hat: zwei kugelige Augen, die Tischtennisbällen ähneln, grüne Haare so borstig wie Draht und ein Mund so groß, dass er eine ganze Pizza auf einmal essen könnte. Ohren und Nase kann Lukas nicht erkennen.

Watschelnd wie eine Ente kommt das grüne Wesen auf Lukas zu. Es scheint ihn entdeckt zu haben. Das Wesen gibt seltsame Geräusche von sich und zeigt dabei immer

25 wieder auf sein Flugobjekt. „Das ist ja unfassbar, das wird mir niemand glauben", denkt Lukas und krabbelt aus seinem Versteck. Nun steht das grüne Wesen direkt vor ihm. Traurig lässt es seinen Kopf hängen und große Tränen kullern aus seinen Augen. „Herrje, was ist dir denn passiert?", fragt Lukas. „Schaut nach einer Bruchlandung aus!" Sein trauriges Gegenüber stupst Lukas an und möchte, dass er mitkommt.

30 Lukas folgt dem grünen Wesen ins Innere des Ufos. Unglaublich! So viele blinkende Knöpfe und Lichter, unzählige Schalter und Kabel hat Lukas noch nie gesehen.

Nun deutet das Wesen auf eine Tankanzeige. „Ich verstehe! Dein Tank ist leer. Aber

woher soll ich wissen, womit ihr auf eurem Planeten tankt? Benzin oder Diesel ist es sicher nicht und Konrads Spezialkleber wie bei Pippi Langstrumpf bestimmt auch nicht!" Das grüne Wesen nickt zustimmend. „Warte hier, ich habe eine Idee!", sagt Lukas und rennt zum Bauernhof. Dort sucht er alle möglichen Flüssigkeiten, die er finden kann, zusammen: Kleber, Honig, Milch, Wasser, Hustensaft, Motoröl, Olivenöl, Flüssigseife, den kalten Kaffee seiner Tante, das Mundwasser seines Onkels, Ketchup und noch vieles mehr. Mit einer voll beladenen Scheibtruhe kommt er zurück. Das grüne Wesen klatscht vor Freude in die Hände und nimmt alles genau unter die Lupe. Dann geht es ganz geschwind: ein Spritzer hiervon, zwei, drei Spritzer davon und in kürzester Zeit hat es ein seltsames Gebräu zusammengemischt. „Da bin ich aber jetzt sehr gespannt, ob das klappen wird", denkt Lukas.

Zusammen befüllen sie den Tank und dann wird es spannend! Es schäumt, qualmt und pufft ordentlich. In einem nebligen Dunst hebt das Ufo tatsächlich vom Erdboden ab. Lukas winkt ihm noch lange nach: „Das ist wirklich die außergewöhnlichste und außerirdischste Urlaubsgeschichte, die ich je erlebt habe!", denkt Lukas, als er sich wieder ins Gras legt und weiter die Wolken beobachtet.

Lukas liegt im Gras und beobachtet die Wolken, als das Ufo erscheint.	☐
Lukas geht nach Hause, als das Ufo landet. Er findet Ufos langweilig.	☐
Das Ufo hat keinen Treibstoff mehr und muss deshalb landen.	☐
Das grüne Wesen ist glücklich, weil es auf der Erde gelandet ist.	☐
Lukas hilft dem grünen Wesen nicht. Er hat viel zu viel Angst.	☐
Lukas bringt die Zutaten für den Treibstoff und hilft beim Tanken.	☐
Durch seine Hilfe kann das grüne Wesen nach Hause fliegen.	☐

Die Internationale Raumstation heißt auf Englisch „International Space Station". Sie wird abgekürzt ISS genannt und ist eine Forschungsstation im Weltraum. Sie fliegt in einer Höhe von 400 Kilometern mit einer Geschwindigkeit von 28 000 Stundenkilometern um die Erde. Das ist sehr schnell. Zum Vergleich: Ein Zug kann zirka 300 Kilometer in der Stunde zurücklegen und ein Passagierflugzeug zirka 900 Kilometer. Deshalb braucht die ISS nur 90 Minuten, um einmal die Erde zu umrunden. Die ISS ist das größte von Menschen erbaute Objekt im Weltall. Dort wurde sie über viele Jahre durch neue Bauteile vergrößert. Neben Amerika, Russland und Deutschland sind noch viele andere Nationen an der ISS beteiligt. Seit dem Jahr 2000 wird die ISS dauerhaft von mehreren Astronauten bewohnt. Sie leben dort meist viele Monate.

Auf der ISS gibt es praktisch keine Anziehungskraft. Das nennt man Schwerelosigkeit. Alles, was nicht befestigt ist, schwebt im Raum und fällt nicht auf den Boden. In der Schwerelosigkeit kann man anders forschen als auf der Erde. Auch der Körper der Menschen verändert sich, wenn er längere Zeit im Weltraum ist. Muskeln, die man in der Schwerelosigkeit nicht benötigt, werden zum Beispiel schwächer.

Die Internationale Raumstation wird auf Englisch mit ISS abgekürzt.	☐ ja ☐ nein
Die ISS ist ein Urlaubsort. Viele Menschen verbringen dort ihre Ferien.	☐ ja ☐ nein
Die ISS bewegt sich schneller als ein Auto, ein Zug oder ein Flugzeug.	☐ ja ☐ nein
Die Raumstation umrundet in 365 Tagen die Erde.	☐ ja ☐ nein
Jedes Land hat eine eigene Forschungsstation im Weltraum.	☐ ja ☐ nein
Die ISS wurde komplett fertig gebaut in den Weltraum transportiert.	☐ ja ☐ nein
In der Internationalen Raumstation kann man schwerelos schweben.	☐ ja ☐ nein
In der Schwerelosigkeit fallen alle Gegenstände auf den Boden.	☐ ja ☐ nein
Man kann in der Schwerelosigkeit anders forschen als auf der Erde.	☐ ja ☐ nein
Mehrere Astronauten leben viele Monate in der Raumstation.	☐ ja ☐ nein
In der Schwerelosigkeit werden alle Muskeln automatisch stärker.	☐ ja ☐ nein

Alexander Gerst

Alexander Gerst ist ein deutscher Astronaut. Er wurde im Jahr 1976 in Künzelsau geboren. Schon als _____ interessierte sich Alexander Gerst für den Weltraum. Im Fernsehen verfolgte er, wie der deutsche Astronaut Ulf Merbold ins All _____. Nach der Schule reiste Alexander Gerst um die Welt. Anschließend studierte er Geo-

5 physik. Besonders interessierte er sich dabei für Vulkane, die er in mehreren Expeditionen _____. Nach seinem Studium bewarb sich Alexander _____ als Astronaut bei der Europäischen Weltraumorganisation. Im Jahr 2014 flog er zum ersten Mal zur _____ in den Weltraum. Dort führte er eine Vielzahl wissenschaftlicher Versuche durch. Er blieb fast ein halbes _____ auf der ISS. Nach seiner

Zeit in der Schwerelosigkeit im Weltall und seiner Rückkehr auf die _____ musste sich sein Körper erst wieder an die Schwerkraft der Erde _____. Im Juni 2018 flog Alexander Gerst zum _____ Mal zur Internationalen Raumstation. Der einzige Österreicher, der bisher ins Weltall geflogen ist, heißt Franz Viehböck.

zweiten   ISS   Erde   Jahr   flog   Gerst   gewöhnen   Kind   erforschte

④ In welchem Gebirge ist der Großglockner zu finden?

① Welche Pflanzen findet man in vielen Bereichen des Neusiedler Sees?

⑤ Wie bezeichnet man eine Kerbe, die Wasser in Gestein gegraben hat?

⑧ An welchem Ort befinden sich die höchsten Wasserfälle Österreichs?

⑥ Wie nennt man das Nest eines Eichkätzchens?

⑦ Die Internationale Raumstation befindet sich im ...

② Die ISS wird von Astronauten bewohnt. Sie leben dort meist mehrere ...

③ Wie heißt ein deutscher Astronaut, der zur ISS geflogen ist, mit Nachnamen?

⑨ Was führte Alexander Gerst auf der Internationalen Raumstation durch?

Weltraum, Krimml, Alpen, Versuche, Klamm, Monate, Gerst, Schilf, Kobel

Lösungswort: _____

Hi Mara, ich bin's Carlos. Wie war dein erster Schultag?

Hi Carlos! Ich war sehr aufgeregt und konnte fast nicht schlafen. Gut, dass Sara und Mama bei mir waren.

Sara, das ist doch deine neue Freundin aus Syrien. Sind deine neue Klasse und deine Lehrer nett?

Ja, bis auf ein Mädchen: Vanessa. Die hat Sara die ganze Zeit geärgert. Ganz schön gemein! Meine Klassenlehrerin Frau Löwenzahn ist aber richtig nett.

Du glaubst es nicht, was bei uns heute los war. Franz ist mal wieder total ausgeflippt. Er hat alle angeschrien.

Warum denn diesmal? Was war los?

Clara hat sein nagelneues Federpennal versteckt. Du hättest ihn sehen sollen. Zuerst bekam er einen roten Kopf und schrie, dann ist er auf Clara los.

Clara kann aber gemein sein. Sie weiß doch, dass Franz schnell wütend wird.

Ja, deshalb hat Clara auch ganz schön Ärger von Herrn Mühri bekommen.

Ich muss dir noch etwas erzählen. Gestern wurde auf dem Hof nebenan ein kleines Kälbchen geboren. Richtig süß.

Das hätte ich auch furchtbar gerne gesehen. Können die Kälbchen nicht direkt nach der Geburt gehen?

Es hat nicht lange gedauert, da stand es schon auf seinen vier Beinen.

Wie heißt denn das kleine Kälbchen?

Selma! Stell dir vor, ich durfte sogar den Namen aussuchen.

Ich muss dich unbedingt einmal besuchen.

Das ist eine gute Idee. Was machst du denn in den Herbstferien? Frag doch deine Eltern, ob du kommen darfst.

Wir haben nichts geplant. Mama und Papa müssen arbeiten. Das klappt bestimmt.

Das wäre super! Dann gehen wir jeden Tag zum Bauernhof und holen frische Milch. Mama ruft mich. Ich muss zum Essen. Servus Carlos, bis bald!

Ja, das machen wir! Ich muss unbedingt auch Sara kennenlernen. Bis bald, Mara!

Mara hatte ihren ersten Schultag. Sie war sehr aufgeregt.	☐
Franz wurde von einem Mädchen in seiner Klasse geärgert.	☐
Auf dem Nachbarhof von Mara wurde ein Kalb geboren.	☐
Kälber lernen wie Menschen erst nach etwa einem Jahr gehen.	☐
Mara durfte den Namen für das Kälbchen aussuchen.	☐
Carlos möchte Mara gerne in ihrem neuen Zuhause besuchen.	☐
Mara muss das Telefongespräch beenden, weil es Essen gibt.	☐

Charlotte oder „Charly", wie sie alle nennen, verbringt die Nachmittage gerne bei ihrem Opa in der Werkstatt. In der Werkstatt riecht es nach Öl, Rost und Schmierfett. Überall sind raumhohe Regale, gefüllt mit Dingen, die jeder andere auf den Müll werfen würde: alte Töpfe, Reifen, Achsen, Kurbeln, Computer, Drähte, Kabel, Radios, rostige Schrauben und noch vieles mehr. Charlys Opa kann alles gebrauchen. Er ist Erfinder.

Charlys Oma hat letztens fürchterlich mit ihm geschimpft: „Immer erfindest du irgendeinen Quatsch: einen automatischen Eierköpfer, eine Buchseitenumblättermaschine, einen Klopapierabreißer oder einen Teebeutelauspresser. Erfinde doch einmal etwas Sinnvolles!"

Auch Charly hat schon viele Maschinen erfunden. Seitdem ihre Hausübungsmachmaschine fertig ist, kann sie noch mehr Zeit in der Werkstatt verbringen.

Gerade kniet ihr Opa über seiner neuesten Erfindung, einer Einkaufeinräummaschine. Charly sieht seine komplizierte Zeichnung auf dem Boden liegen. Sie weiß sofort, was zu tun ist, und gibt ihrem Opa immer das passende Werkzeug und Material in die Hand.

Eine Sache geht Charly aber seit Tagen nicht aus dem Kopf. Ihr Opa schließt neuerdings den Schupfen neben der Werkstatt ab. „Was er dort wohl macht?", grübelt sie. Am späten Nachmittag schließen sie die Werkstatt gemeinsam ab. Heute haben sie viel geschafft.

Der Opa gibt ihr noch einen Klaps auf die Schulter und Charly geht nach Hause. „Nein, heute gehe ich nicht nach Hause! Opa soll das nur denken", überlegt sich Charly und versteckt sich hinter der ersten Ecke. Sie wartet so lange, bis sie ihren Opa im Wohnhaus verschwinden sieht. „Wo hat Opa den Schlüssel für den Schupfen wohl versteckt? Wo würde ich ihn verstecken?", fragt sie sich. Charly und ihr Opa denken und fühlen oft das Gleiche. Sie schaut unter der Schuhbänderbindemaschine vor der Haustür nach: „Treffer!" Leise sperrt Charly den Schupfen auf. Wie gut, dass es noch hell ist und sie das Licht nicht einschalten muss.

„Habe ich es mir doch gedacht! Opa baut an einem geheimen Projekt." In der Mitte des Raumes sieht sie eine Maschine. Anscheinend hat Charlys Opa einen großen Kühlschrank umgebaut und blau gestrichen. Obenauf steht eine rote Satellitenschüssel. In der Tür ist ein kreisrundes Fenster. Unten rechts an der Maschine befinden sich drei Düsen. Charly setzt sich in die Maschine. Sie erkennt viele Knöpfe und Schalter aus Opas Sammlung wieder. „Was wohl dieser Hebel auslöst?", denkt sie und drückt ihn gleichzeitig nach unten. Charly hört ein lautes Zischen der Düsen, die Maschine wackelt und klappert. Charly hat das Gefühl, als würde sie mit einer rasenden Geschwindigkeit fliegen. Sie

schaut auf den Tacho. Er dreht sich rückwärts und hört überhaupt nicht mehr auf, sich zu drehen. Plötzlich spürt sie einen heftigen Ruck und alles steht still. Charly steckt vorsichtig ihren Kopf aus der Maschine. Das ist aber nicht mehr der Schupfen, was sie dort sieht. Neben ihr taucht plötzlich ein riesiger Kopf mit einem unglaublich langen Hals auf. „Das ist doch ein Brachiosaurus, einer der größten Dinosaurier, die es je gab. Zum Glück frisst er nur Pflanzen", denkt Charly erleichtert. „Ich kann es nicht fassen, Opa hat eine Zeitmaschine gebaut!" Behutsam streichelt Charly dem Dino über den Nasenrücken. Doch dann zieht er ruckartig den Kopf zurück und läuft weg. In der Ferne hört Charly immer lauter werdendes Getrampel. „Das heißt nichts Gutes! Schnell weg hier! Aber wie fährt diese Maschine wieder zurück in meine Zeit?" Charly wird langsam nervös. Sie versucht, ganz ruhig zu bleiben, denn nur dann kann man gut nachdenken. „Klar, ich muss den Hebel nur nach oben ziehen, nicht wie vorhin nach unten drücken, dann müsste die Zeit nach vorn gehen!" Sie sieht einen Tyrannosaurus Rex auf sich zukommen. Charly zieht den Hebel nach oben und die Zeitmaschine zischt zurück. Sie landet wieder im Schupfen. „Um ein Haar hätte mich der Tyrannosaurus Rex zum Nachtmahl verspeist!", denkt sie erleichtert. „Opa ist ein genialer Erfinder!"

Charly arbeitet gerne in der Werkstatt und hilft ihrem Opa.	☐
Charlys Oma ist von Opas bisherigen Erfindungen sehr begeistert.	☐
Charly hat viel Zeit, weil ihre Erfindung die Hausübung erledigt.	☐
Im Schupfen findet Charly eine Kinderzimmeraufräummaschine.	☐
Charly landet in einem Freizeitpark mit Dinosauriern aus Karton.	☐
Sie kann die Zeitmaschine wieder nach Hause steuern.	☐
Charlys Ausflug in die Vergangenheit ist sehr gefährlich.	☐

Dinosaurier sind schon seit etwa 65 Millionen Jahren ausgestorben. Das Wissen über Dinosaurier erhalten Forscher durch die Untersuchung von Fossilien. Fossilien sind Überreste oder Abdrücke von Tieren, Pflanzen und Pilzen aus vergangenen Erdzeitaltern. Knochenfunde, Fußspuren und versteinerte Eier sind wichtige Fossilien für die Erforschung der Dinosaurier.

Der Tyrannosaurus Rex war eines der größten fleischfressenden Tiere, die jemals auf der Erde gelebt haben. Er wurde ungefähr 6 000 Kilogramm schwer, konnte etwa 13 Meter lang und 6 Meter hoch werden. Der große Kopf hatte bis zu 30 Zentimeter lange dolchförmige Zähne. Mit einem starken Biss konnte er auch Knochen zertrümmern. Der Tyrannosaurus Rex hatte sehr kräftige und lange Beine. Forscher vermuten aber, dass er wegen seines hohen Gewichts trotzdem kein besonders schneller Läufer war. Deshalb jagte er wahrscheinlich nicht nur, sondern fraß auch Aas. So nennt man tote Tiere. Der gute Geruchssinn des Dinosauriers half ihm, Aas zu finden.

In Amerika hat man ein fast vollständiges versteinertes Skelett eines Tyrannosaurus Rex gefunden. Es wird im Naturkundemuseum in Chicago ausgestellt.

Fossilien sind zum Beispiel versteinerte Knochen eines Dinosauriers.	☐ ja	☐ nein
Forscher erhalten ihr Wissen über Dinosaurier mithilfe von Fossilien.	☐ ja	☐ nein
Der Tyrannosaurus Rex war ein großer fleischfressender Dinosaurier.	☐ ja	☐ nein
Ein männlicher Tyrannosaurus Rex lebt noch im Tiergarten Schönbrunn.	☐ ja	☐ nein
Der Tyrannosaurus und alle anderen Dinosaurier sind ausgestorben.	☐ ja	☐ nein
Ein Tyrannosaurus Rex konnte zirka 6 000 Kilogramm schwer werden.	☐ ja	☐ nein
Der Tyrannosaurus hatte kleine Zähne, mit denen er gut grasen konnte.	☐ ja	☐ nein
Als Aas bezeichnet man Tiere, die besonders schnell laufen können.	☐ ja	☐ nein
Das Skelett eines Tyrannosaurus Rex steht in einem Museum.	☐ ja	☐ nein
Der Tyrannosaurus Rex war der schnellste Dinosaurier der Welt.	☐ ja	☐ nein
Die Arme eines Tyrannosaurus Rex waren kürzer als seine Beine.	☐ ja	☐ nein

Marie Curie

Eine berühmte Erfinderin und Forscherin war Marie Curie. Sie wurde vor etwa 160 Jahren in _____ geboren. Nach ihrer Schulzeit arbeitete sie zunächst als Erzieherin. Sie wollte unbedingt studieren und musste dafür _____ verdienen. Frauen durften damals in Polen nicht studieren, deshalb zog sie im Alter von 23 Jahren nach Paris. Paris ist die Hauptstadt von Frankreich. Dort lernte sie Französisch und studierte Mathematik und Physik. Ihr Studium schloss _____ Curie mit Auszeichnung ab. Auf der Suche nach einem geeigneten Labor für ihre Experimente lernte sie Pierre Curie _____. Sie heirateten und bekamen zwei _____. Pierre und Marie Curie forschten gemeinsam. Ihr Forschungsgebiet war die Radioaktivität. Radioaktive Strahlen werden zum Beispiel in Röntgengeräten verwendet. Mit einem Röntgengerät kann der Arzt ein Bild von unseren _____ machen. Im Jahr 1903 erhielt sie als erste Frau auf der _____ einen Nobelpreis. Das ist die höchste wissenschaftliche Auszeichnung, die es gibt. Acht Jahre später erhielt sie für weitere Entdeckungen ihren _____ Nobelpreis.

| Geld | Kinder | Knochen | zweiten | kennen | Welt | Marie | Polen |

1 Einer der höchsten Wolkenkratzer in Europa steht in London. Das ist die Hauptstadt von England. Das Hochhaus heißt „The Shard". Das bedeutet übersetzt „Die Scherbe". Es wurde im Jahr 2012 eröffnet, hat 87 Etagen und ist 306 Meter hoch.

2 Seit etwa 45 Jahren kann man mit einer Luftseilbahn zur höchsten Bergstation in Europa fahren. Die Station liegt in 3 820 Meter Höhe auf dem Klein Matterhorn. Das ist ein Berg in den Schweizer Alpen. Dort kann man bergsteigen und Ski fahren.

3 In der Stadt Lissabon in Portugal steht eine der längsten Brücken der Welt. Sie wurde nach dem portugiesischen Seefahrer Vasco da Gama benannt. Die Brücke wurde vor ungefähr 25 Jahren gebaut. Sie ist gut 17 Kilometer lang und 30 Meter breit.

4 Vor etwa 70 Jahren wurde in der Stadt Barcelona in Spanien das größte Fußballstadion in Europa gebaut. Es heißt „Camp Nou". Das bedeutet übersetzt „Neues Spielfeld". In das Stadion des FC Barcelona passen zirka 100 000 Zuschauer.

 Alles Gute zum Geburtstag, Carlos! Wie gerne wäre ich jetzt bei dir in Graz.

Danke, Mara. Schade, dass du nicht da bist. Die Klasse hat sich übrigens sehr über deinen langen Brief und das Foto gefreut.

Rechts neben mir auf dem Foto, das ist Sara, links neben mir steht Vanessa.

Wie, Vanessa? Die war doch so gemein zu euch. Seid ihr jetzt befreundet?

Ja! Vor ein paar Wochen hat sie sich in der Pause ganz fest wehgetan und wir waren die Einzigen, die ihr geholfen haben.

Das ist aber nett, obwohl sie so gemein zu euch war. Kann man mit ihr gut spielen?

Sie ist richtig nett. Sie hat sogar tolle Ideen zum Spielen. Am Wochenende haben wir drei eine Schnitzeljagd durchs Dorf gemacht. Das war sehr aufregend!

Schnitzeljagd? Was ist das denn? Seid ihr Wiener Schnitzeln hinterhergejagt? Gab es denn auch Pommes dazu?

Quatsch! Doch nicht Schnitzel mit Pommes! Das ist ein Spiel: Einer geht vor und markiert mit Sägespänen den Weg und die anderen müssen später los und den Sägespänen folgen.

Das hört sich spannend an! Können wir das auch einmal spielen, wenn ich komme?

Na klar! Mit mehreren macht das noch viel mehr Spaß. Dann kann die erste Gruppe sogar einen Schatz verstecken.

Ich freue mich jetzt schon auf die Herbstferien bei euch. Toll, dass es klappt.

Wenn du kommst, musst du unbedingt Erik kennenlernen. Der spielt auch richtig gut Fußball und ist total nett.

Das ist toll! Dann kann ich bei euch meinen neuen Fußball ausprobieren. Ich habe ihn heute von meinen Eltern geschenkt bekommen. Den Ball habe ich mir schon ganz lange gewünscht.

Gute Idee, Carlos! Ich freue mich auch schon auf die Ferien! Ich muss jetzt Schluss machen. Viel Spaß auf deiner Geburtstagsfeier. Servus, Carlos!

Danke dir! Wir sehen uns ja bald in Oberstdorf. Mach's gut, Mara!

Mara ruft Carlos an seinem Geburtstag an und gratuliert ihm.	☐
Mara, Sara und Vanessa haben sich angefreundet.	☐
Bei einer Schnitzeljagd muss man möglichst viele Schnitzel essen.	☐
Bei einer Schnitzeljagd kann eine Gruppe die andere Gruppe suchen.	☐
Carlos darf Mara in den Herbstferien in Oberstdorf besuchen.	☐
Die Eltern haben Carlos zum Geburtstag einen Wunsch erfüllt.	☐
Mara möchte in den Ferien allein mit Carlos Fußball spielen.	☐

④ Wie heißt die Hauptstadt von England, in der das Gebäude „The Shard" steht?

⑦ In welchem Land befindet sich die Seilbahn zur Bergstation Klein Matterhorn?

⑧ In welchem Land steht das Fußballstadion „Camp Nou" des FC Barcelona?

② Welches Bauwerk in Lissabon wurde nach einem Seefahrer benannt?

⑥ In welchem Land in Europa liegt die Stadt Lissabon?

⑨ In welchem Land wurde die Forscherin Marie Curie geboren?

⑤ Wie heißt ein Überrest von einem Tier aus einem vergangenen Erdzeitalter?

① Der Tyrannosaurus Rex jagte nicht nur. Was fraß er wahrscheinlich noch?

③ Was konnte ein Tyrannosaurus Rex mit einem Biss zertrümmern?

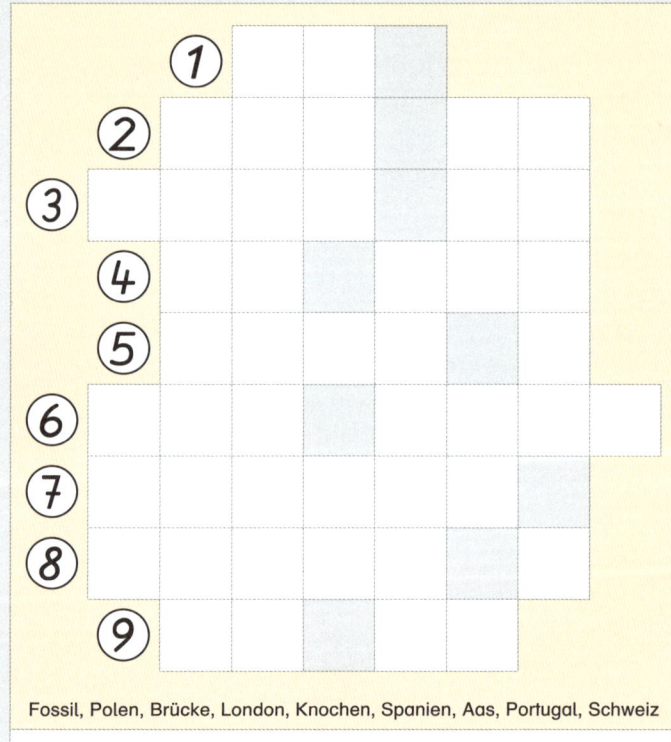

Fossil, Polen, Brücke, London, Knochen, Spanien, Aas, Portugal, Schweiz

Lösungswort: _____

„Gute Nacht, Mama, gute Nacht, Papa", ruft Tilly ihren Eltern im Wohnzimmer zu und sprintet die Treppe nach oben in ihr Zimmer. Sie freut sich schon auf die letzten Seiten ihres Buches. Diesmal ermitteln die beiden Detektive in einem Fall, in dem es um eine Einbruchserie geht. Gestern Abend waren Tilly vor Müdigkeit die Augen zugefallen, obwohl die Stelle im vorletzten Kapitel so spannend war. Den ganzen Tag konnte sie es kaum erwarten, im Bett zu liegen und zu lesen. Noch rasch die Zähne putzen, ab unter die Decke und flink die Seite aufschlagen:

„… und da war plötzlich wieder das Geräusch, es kam vom Dachboden …" Tilly liest gespannt weiter. Wie wird die Geschichte wohl ausgehen? Nach einer halben Stunde ist sie mit ihrem Buch fertig. „Das war aber ganz schön spannend! Ich muss mir unbedingt auch den dritten Band ausleihen", denkt Tilly und schläft zufrieden ein.

Im ganzen Haus wird es still. Tillys Eltern sind auch ins Bett gegangen. Das Einzige, was man jetzt noch hört, ist das Rauschen der Bäume im Wind. Mit einem Mal schreckt Tilly auf. „Was war das?" Sie ist ganz leise, hört aber außer dem Rauschen der Bäume nichts. Tilly legt sich wieder hin, aber sie kann einfach nicht mehr einschlafen. „Da war doch was! Ich habe es genau gehört", denkt Tilly, „oder habe ich nur von meinem

Buch geträumt?" Sie spürt ihr Herz bis zum Hals schlagen. Tilly versucht, ganz leise zu sein. Da ist es wieder! Jetzt hört sie es ganz deutlich. Es ist ein eigenartiges Kratzen und Scharren vom Dachboden zu hören. Solche Geräusche hat sie vorher noch nie von dort gehört. „Wer kann das sein?", denkt Tilly.

Sie springt auf und rennt aufgeregt in das Schlafzimmer ihrer Eltern: „Mama, Papa, wacht auf! Vom Dachboden kommen merkwürdige Geräusche. Ich habe Angst!" Ihre Eltern werden sofort wach. „Ob Einbrecher bei uns über den Dachboden eingebrochen sind?", flüstert Tilly und greift fest nach Vaters Hand.

Jetzt hören auch ihre Eltern das Geräusch ganz deutlich. Da scheint ihre Mama eine Idee zu haben. Sie steht auf und schleicht mutig die Stiege zum Dachboden hinauf. Tilly und ihr Papa folgen ihr. „Pssssst!", sagt die Mutter ganz leise und drückt dabei die Türschnalle hinunter. „Was jetzt wohl kommen mag?", denkt Tilly und versteckt sich hinter ihrem Papa. Die Tür öffnet sich langsam und wer blickt den dreien da ins Gesicht? Acht Waschbärenaugen!

„Na, da haben wir ja noch einmal Glück gehabt! Unsere Einbrecher sind nur eine Waschbärenfamilie!", sagt Mama, und Tilly ist ganz erleichtert.

Tilly geht gerne ins Bett, weil sie ihr Buch zu Ende lesen möchte.	☐ ja	☐ nein
Tilly liest einen lustigen Comic über Kinder, die sich häufig verkleiden.	☐ ja	☐ nein
Sie liest schon den zweiten Band einer Detektivgeschichte.	☐ ja	☐ nein
Tilly möchte sich auch den dritten Band des Buches ausleihen.	☐ ja	☐ nein
In dem Buch kommen auch Geräusche vom Dachboden vor.	☐ ja	☐ nein
Tilly hat von ihrem Buch und den Geräuschen nur geträumt.	☐ ja	☐ nein
Sie weckt ihre Eltern auf und berichtet ihnen von den Geräuschen.	☐ ja	☐ nein
Ihre Eltern stehen sofort auf. Die Mutter geht voraus zum Dachboden.	☐ ja	☐ nein
Drei Einbrecher wollen den Schmuck und das Geld der Familie stehlen.	☐ ja	☐ nein
Auf dem Dachboden sind mindestens vier Waschbären.	☐ ja	☐ nein
Die Familie ist erleichtert, weil es keine echten Einbrecher sind.	☐ ja	☐ nein

Vor 100 Jahren gab es in Österreich noch keine Waschbären. Sie wurden aus Nordamerika mitgebracht. Die Waschbären konnten sich schnell vermehren, weil die Temperaturen günstig waren, es genug zu fressen gab und sie kaum Feinde hatten. Waschbären sind Allesfresser. Sie fressen zum Beispiel Insekten, Würmer, Frösche, Obst, Nüsse, Mäuse, Eier und Vögel. Manchmal wühlt der Waschbär aber auch in unserem Müll oder Kompost und sucht dort nach Essbarem. Am Tag bleiben die Waschbären in ihrem Versteck. Erst wenn es dämmert, kommen sie langsam heraus. Als Versteck nutzen Waschbären häufig alte Fuchsbauten oder Baumhöhlen, aber auch gelegentlich den ein oder anderen Dachboden.

Der Waschbär hat einen ausgezeichneten Tastsinn. Mit seinen Vorderpfoten tastet er seine Nahrung gründlich ab. An Wasserstellen sieht das so aus, als ob er seine Nahrung waschen würde. Daher hat der kleine Bär auch seinen Namen. Waschbären können bis zu 20 Jahre alt werden. Im Frühling bekommen Waschbären meist zwei bis sieben Junge. Die anfänglich blinden Jungen werden nach der Geburt gesäugt. Ab Herbst können sie sich selbst ernähren. Die jungen Männchen suchen sich ein eigenes Revier.

Waschbären stammen aus Europa. Viele wanderten nach Afrika aus.	☐ ja ☐ nein
Die Tiere sind aus Nordamerika durch das Meer zu uns geschwommen.	☐ ja ☐ nein
Waschbären wurden von Menschen aus Nordamerika mitgebracht.	☐ ja ☐ nein
Die Tiere haben in Österreich viele Feinde und wenig Nahrung.	☐ ja ☐ nein
Waschbären sind Allesfresser. Sie fressen Pflanzenteile und Tiere.	☐ ja ☐ nein
Sie jagen meist in der Dämmerung oder in der Nacht.	☐ ja ☐ nein
Waschbären leben auch in der Nähe von Menschen.	☐ ja ☐ nein
Sie haben ihren Namen, weil sie sich dreimal täglich die Ohren waschen.	☐ ja ☐ nein
Waschbären bekommen ein graues Fell, wenn sie 80 Jahre alt werden.	☐ ja ☐ nein
Waschbären bekommen über das ganze Jahr verteilt Junge.	☐ ja ☐ nein
Nach etwa einem halben Jahr werden die Jungtiere selbstständig.	☐ ja ☐ nein

 Hallo Mara, stell dir vor, unser Schulausflug ging auf eine echte Ritterburg.

Hallo Carlos, das hört sich spannend an. Wir fahren nächste Woche auch auf Schulausflug.

Ich war mit Willi, Knut und Franz in einem Zimmer. Franz kann richtig nett sein.

Erzähl, das kann ich gar nicht glauben.

Wir haben uns Streiche für die Mädchen ausgedacht und Franz hatte die besten Ideen. Seine ganzen Süßigkeiten hat er mit uns geteilt und spannende Geschichten kann er auch erzählen.

Haben sich Nelli, Elli und Lotti vertragen?

Erst gab es Streit, wer sich mit wem ein Zimmer teilt. Aber dann ging es gut. Weißt du, was unser bester Streich war?

Bestimmt habt ihr heimlich scharfen Senf in die Zahnpastatuben gefüllt.

Gute Idee, die merke ich mir! Wir haben die Mädchen in der Nacht mit Vampirgebissen erschreckt. Das war lustig.

Das kann ich mir sehr gut vorstellen. Sie haben sicher ganz laut geschrien.

Wo geht euer Schulausflug denn hin?

Wir fahren an den Bodensee nach Bregenz. Dort machen wir alle einen Segelkurs auf kleinen Jollen.

Was ist denn eine Jolle?

Jollen sind kleine Segelboote für Kinder, die man ganz leicht steuern kann.

Das wird bestimmt auch cool. Ich bin ganz gespannt auf eure Streiche. Davon musst du mir dann in den Herbstferien erzählen.

Wir haben uns schon etwas Witziges überlegt. Wir füllen trockene Erbsen randvoll in ein Glas, füllen Wasser ein und verstecken es im Zimmer der Buben. Nachts quellen die Erbsen auf und fallen plopp, plopp auf den Boden. Die Jungs werden ganz schön erschrecken.

Hört sich gut an! Ich bin ja gespannt, ob es klappt. Dann viel Spaß auf deinem Schulausflug. Wir sehen uns in den Ferien.

Danke, bis bald, ich freue mich schon sehr! Mach's gut, Carlos!

Carlos übernachtete auf dem Schulausflug auf einer Ritterburg.	☐
Franz und Carlos haben sich auf dem Schulausflug angefreundet.	☐
Carlos hat mit seinen Freunden Senf in Zahnpastatuben gefüllt.	☐
Die Buben haben die Mädchen mit Vampirgebissen erschreckt.	☐
Maras Schulausflug geht nach Bregenz an den Bodensee zum Segeln.	☐
Kolumbus segelte auf einer Jolle von Europa nach Amerika.	☐
Wenn man Erbsen in ein Wasserglas füllt, erhält man Linsensuppe.	☐

1 Die Pyramiden von Gizeh in Ägypten sind über 4 500 Jahre alt. Sie gehören zu den ältesten erhaltenen Bauwerken der Welt. Die Pharaonen haben die Pyramiden als Grabkammern für sich gebaut. Pharaonen hießen damals die Könige der Ägypter.

2 Mit Akropolis werden in Griechenland Burgberge bezeichnet. Dorthin konnte sich die Bevölkerung zurückziehen, wenn sie angegriffen wurde. In Athen steht die berühmteste Akropolis. Der Hauptbau mit den hohen Säulen wurde vor fast 2 500 Jahren gebaut.

3 Die Freiheitsstatue in New York war vor etwa 140 Jahren ein Geschenk des Landes Frankreich an die Vereinigten Staaten von Amerika. Die Statue zeigt eine Göttin, die als Symbol für Freiheit stehen soll. Sie ist eine der höchsten Statuen der Welt.

4 Der Eiffelturm wurde vor gut 135 Jahren in Paris für eine Weltausstellung gebaut. Er war mit über 300 Metern gut 30 Jahre das höchste Bauwerk der Welt und wurde nach seinem Erbauer Gustave Eiffel benannt. Der Turm besteht fast vollständig aus Stahl.

Fröhlich radelt Hanna mit ihrem neuen, grünen Fahrrad vom Fußballtraining nach Hause. Sie ist stolz auf ihr neues Fahrrad. So ein grünes Fahrrad hat in ihrer kleinen Stadt sonst niemand. Von ihrer Mama hat sie noch eine Blumenkette geschenkt bekommen, die sie um den Lenker gewickelt hat.

5 Wie immer schließt sie ihr Fahrrad vor der Haustür ab, schnappt sich den Fußball und läutet bei Lorenz: „Komm, Lorenz, lass uns noch eine Runde spielen, ich muss erst um 19 Uhr reingehen!" Lorenz lässt sich nicht zweimal bitten, denn mit Hanna kann man spitzenmäßig Fußball spielen. Sie spielt besser als alle Buben in seiner Klasse.

„Fahren wir morgen zusammen in die Schule?", fragt Hanna nach dem Fußballspie-
10 len, bevor sie sich von Lorenz verabschiedet. „Klar, ich hole dich ab", ruft er ihr zu und verschwindet im Nachbarhaus.

Am nächsten Morgen läutet Lorenz früher als sonst: „Hanna, wo ist dein Fahrrad? Du hast es doch gestern hier abgestellt?" Lorenz deutet mit dem Finger auf die Stelle, wo gestern noch das Fahrrad stand. Hanna kann es nicht glauben. Ihr geliebtes Fahrrad ist
5 weg! Traurig geht sie mit Lorenz zu Fuß in die Schule. In der Schule kann sie sich gar nicht konzentrieren und muss immerzu an ihr grünes Fahrrad denken. Sie ist betrübt

und wütend zugleich: „Wer macht denn so etwas?"

Am Nachmittag hätte sie eigentlich Training, aber dazu hat sie heute keine Lust. Das Läuten an der Haustür reißt sie aus ihrer Trauer und Wut. „Hanna, komm! Ich lade dich zu einem Eis ein, dann kommst du auf andere Gedanken." Mit einem Lächeln steht Lorenz vor ihr. Sie gehen zu ihrem Lieblingseissalon und bestellen sich ein großes Spaghettieis. „Danke, Lorenz. Das war eine gute Idee. Leider bringt es mir mein Fahrrad nicht zurück." Plötzlich lässt Hanna ihren Löffel fallen. „Lorenz, da, schau mal! Die Frau hat mein Fahrrad!" Vor Aufregung wird Hanna ganz rot im Gesicht. Die Frau stellt das Fahrrad gegenüber dem Eissalon ab und geht in eine Bäckerei. „Lorenz, was sollen wir jetzt machen?" Er hat eine Idee: „Wir holen den Eisverkäufer und fragen ihn, ob er uns hilft!" Schnell haben die beiden Herrn Gelato erklärt, was passiert ist. Herr Gelato ruft die Polizei an. Anschließend gehen sie zusammen zu Hannas Fahrrad und warten. Die Frau kommt aus der Bäckerei, sieht die drei und ergreift sofort die Flucht. Herr Gelato verfolgt sie und stellt sie zur Rede. Wenige Minuten später ist auch schon die Polizei da. Die Frau gesteht den Diebstahl und wird von der Polizei mitgenommen. „Wie gut, dass ich ein grünes Fahrrad habe, das man sofort erkennt", sagt Hanna und umarmt Lorenz glücklich.

Hanna hat ein neues, grünes Fahrrad, das man gut erkennen kann.	☐ ja	☐ nein
Ihr Vater hat ihr eine bunte Lampenkette um den Lenker gewickelt.	☐ ja	☐ nein
Hanna und Lorenz sind Nachbarn und gute Freunde.	☐ ja	☐ nein
Nach ihrem Fußballtraining hat Hanna noch Zeit zum Fußballspielen.	☐ ja	☐ nein
Hanna hat vergessen, wo sie ihr Fahrrad abgestellt hat.	☐ ja	☐ nein
Hannas Fahrrad steht über Nacht abgeschlossen vor der Haustür.	☐ ja	☐ nein
Lorenz möchte Hanna trösten und lädt sie zu einem Besuch im Zoo ein.	☐ ja	☐ nein
Hanna und Lorenz sehen Hannas Fahrrad vor der Bäckerei.	☐ ja	☐ nein
Der Eisverkäufer hilft den Kindern, das Fahrrad wiederzubekommen.	☐ ja	☐ nein
Die Frau läuft schnell weg, weil sie noch zum Fleischhauer muss.	☐ ja	☐ nein
Die Frau gibt den Diebstahl zu und wird von der Polizei mitgenommen.	☐ ja	☐ nein

⑧ In welchem Land stehen die Pyramiden von Gizeh, die etwa 4 500 Jahre alt sind?

⑥ Wie heißt die Stadt, in der die bekannteste Akropolis von Griechenland steht?

⑨ Die Freiheitsstatue in den Vereinigten Staaten von Amerika ist ein Symbol für ...

③ In welcher Stadt in Frankreich steht der über 300 Meter hohe Eiffelturm?

② Wie heißt der Erbauer des aus Stahl gebauten Eiffelturms mit Nachnamen?

⑦ Wie nennt man einen König aus dem alten Ägypten?

① Welches Tier stammt aus Nordamerika und lebt jetzt auch in Österreich?

⑤ Wie heißen die kleinen grauen Nagetiere, die Waschbären gerne fressen?

④ Waschbären sind nachtaktiv. Tagsüber befinden sie sich meist in ihrem ...

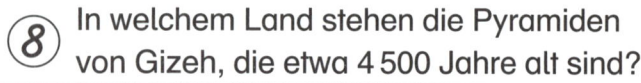

Eiffel, Ägypten, Athen, Freiheit, Paris, Versteck, Mäuse, Pharao, Waschbär

Lösungswort: _____